CW01637430

Direction éditoriale : **Véronique de Finance-Cordonnier**
Coordination éditoriale : **Ewa Lochet, assistée de Véronique Jean**
Direction artistique : **Emmanuel Chaspoul**
Mise en page : **BLACK & WHITE**
Couverture : **Véronique Laporte**
Fabrication : **Annie Botrel**

Carambar® est une marque déposée de la société Cadbury, utilisée par Larousse avec le consentement de son titulaire.

Smarties® est une marque enregistrée au nom de la Société des Produits Nestlé utilisée par Larousse avec le consentement de son titulaire.

© Larousse 2010

Toute reproduction ou représentation intégrale ou partielle, par quelque procédé que ce soit, du texte et/ou de la nomenclature contenus dans le présent ouvrage, et qui sont la propriété de l'Éditeur, est strictement interdite.

Les Éditions Larousse utilisent des papiers composés de fibres naturelles, renouvelables, recyclables et fabriquées à partir de bois issus de forêts qui adoptent un système d'aménagement durable. En outre, les Éditions Larousse attendent de leurs fournisseurs de papier qu'ils s'inscrivent dans une démarche de certification environnementale reconnue.

ISBN 978-2-03-585211-3

LES MINI LAROUSSE

Petits goûters

des écoliers

LAROUSSE

21 rue du Montparnasse 75283 Paris Cedex 06

Sommaire

Brioche (pas à pas) 4
Pâte à crêpes (pas à pas) 6

> Cookies au chocolat noir 8
> Mousse au chocolat 10
> Quatre-quarts 12
> Crème caramel 14
> Sablés au beurre 16
> Gâteau au yaourt 18
> Tartelettes aux fraises 20
> Cake au chocolat 22
> Petits pots de crème à la vanille 24
> Flan parisien 26
> Gaufres au sucre glace 28
> Pain perdu 30
> Churros 32
> Tarte aux Carambar® 34
> Langues-de-chat 36
> Biscuit roulé 38
> Muffins 40
> Bagels au chocolat et aux fruits rouges 42
> Cramique 44
> Petits pots de crème au yaourt et au chocolat 46
> Cake aux raisins et aux fruits confits 48
> Cookies au chocolat blanc et aux dragées Smarties® 50
> Œufs au lait 52
> Palmiers 54

Brioche

POUR UN MOULE À CHARLOTTE DE 14 CM DE DIAMÈTRE

PRÉPARATION : 30 min • **REPOS DE LA PÂTE** : 6 h • **CUISSON** : 45 min

250 g de farine • 10 g de levure de boulanger • 3 c. soupe de lait tiède • 210 g de beurre extra-fin • 4 œufs • 30 g de sucre semoule • 10 g de sel fin

1

[1] Passez une terrine à l'eau chaude et essuyez-la. Tamisez la farine et versez-la dedans. Délayez la levure dans le lait et incorporez-lui un peu de farine pour obtenir une boule molle (le levain).

2

[2] Malaxez 190 g de beurre à la spatule pour le rendre crémeux. Faites un puits dans la farine. Mettez-y le beurre, le levain, 3 œufs, le sucre et le sel. Incorporez peu à peu les ingrédients à la farine. Ramassez la pâte en boule. Couvrez-la, placez-la dans un endroit tiède (20 °C) et laissez-la lever environ 3 h.

(3) Lorsque la pâte a doublé de volume, tapotez-la fortement pour l'affaisser. Faites-la lever encore 1 h. Tapissez le fond du moule de papier sulfurisé beurré et les parois, d'une bande de papier beurrée aussi, dépassant du moule de 6 à 8 cm.

(4) Tapotez à nouveau la pâte pour qu'elle s'affaisse, ramassez-la en boule et déposez-la dans le moule. Faites encore lever au moins 2 h.

(5) Badigeonnez le dessus avec 1 jaune d'œuf. Enfournez à 210 °C (therm. 7) et faites cuire 30 min. Réduisez la chaleur à 180 °C (therm. 6) et poursuivez la cuisson de 10 à 15 min, sans ouvrir la porte du four. Vérifiez la cuisson en glissant une aiguille au centre : elle doit ressortir sèche. Démoulez la brioche, retirez le papier et laissez refroidir sur une grille.

Pâte à crêpes

POUR 24 CRÊPES MINCES (POÊLE DE 22 CM DE DIAMÈTRE)

PRÉPARATION : 20 min • **REPOS :** 1 ou 2 h • **CUISSON : 3 à 5 min**

250 g de farine • 50 cl de lait • 3 œufs • 2 c. soupe de beurre fondu ou d'huile • 1/2 c. café de sel fin • 2 c. soupe de sucre • parfum au choix : 1 c. soupe de rhum ou de liqueur • sucre vanillé • zeste d'agrumes • beurre ou huile pour la cuisson

1

2

(1) Mettez la farine dans une terrine, faites un puits et versez-y la moitié du liquide. Délayez à la spatule en partant du centre et en faisant tomber peu à peu la farine dans le liquide.

(2) Battez les œufs en omelette et ajoutez-les au mélange en tournant. Incorporez ensuite la matière grasse, le sel, et le sucre.

[3] Versez peu à peu le reste du liquide. La pâte doit être coulante mais non liquide. Ajoutez éventuellement le parfum choisi. Le robot de cuisine permet une préparation très rapide. Attention à ne pas dépasser le niveau limite du bol mélangeur. Laissez reposer 1 h ou 2 avant l'emploi, à couvert dans un endroit tempéré.

[4] Dans une poêle graissée et bien chaude, versez une 1/2 louche de pâte. Inclinez la poêle pour napper régulièrement le fond. Au bout de quelques secondes de cuisson, les bords se soulèvent légèrement et se décollent tout seuls.

[5] Retournez la crêpe avec une spatule souple et faites-la cuire de l'autre côté. Faites ensuite glisser la crêpe sur un plat.

Cookies au chocolat noir

POUR 30 COOKIES

PRÉPARATION : 20 min • **CUISSON :** 8 à 10 min par fournée

110 g de beurre mou • 175 g de chocolat noir ou de pépites de chocolat noir • 110 g de sucre brun • 100 g de sucre en poudre • 1 œuf • 1/2 c. à café de vanille liquide • 225 g de farine • 1/2 c. à café de levure chimique • 1 pincée de sel

1. Faites ramollir le beurre. Si vous n'avez pas de pépites, râpez grossièrement le chocolat ou hachez-le au couteau.
2. Préchauffez le four à 170 °C (therm. 5-6). Battez le beurre dans un grand saladier avec les deux sortes de sucre, jusqu'à ce que le mélange devienne jaune pâle et mousseux. Ajoutez l'œuf entier, puis la vanille liquide.
4. Tamisez la farine avec la levure et le sel. Versez le tout peu à peu en pluie dans la terrine, en travaillant avec une spatule en bois pour éviter la formation de grumeaux. Incorporez à la pâte les pépites de chocolat noir.
5. Couvrez une plaque à pâtisserie de papier sulfurisé. Disposez des petits tas de pâte bien espacés sur la plaque avec une cuillère à soupe que vous tremperez chaque fois dans un bol d'eau. Aplatissez-les avec le dos de la cuillère de façon à former des disques de 10 cm de diamètre environ.
6. Enfournez pour 8 à 10 min. Les cookies doivent être croustillants à l'intérieur.
7. Sortez-les du four, posez-les sur une grille. Servez-les tièdes ou froids.

Mousse au chocolat

POUR 4 À 6 PERSONNES

PRÉPARATION : 15 min • **RÉFRIGÉRATION :** 4 h

20 g de beurre • 180 g de chocolat noir • 1 bonne c. à soupe de lait entier • 10 cl de crème fraîche liquide • 3 œufs entiers • 15 g de sucre en poudre

1. Laissez ramollir le beurre à température ambiante.
2. Hachez le chocolat au couteau et mettez-le dans un grand bol. Portez à ébullition le lait et la crème fraîche liquide. Versez ce liquide bouillant sur le chocolat en mélangeant au fouet pendant 1 ou 2 min pour que la préparation atteigne la température de 40 °C.
3. Coupez le beurre en petits morceaux et incorporez-le au mélange, en tournant avec le fouet.
4. Cassez les œufs et séparez les blancs des jaunes. Montez en neige les blancs avec le sucre, puis ajoutez les jaunes quelques secondes avant d'arrêter l'appareil.
5. Incorporez un peu des blancs dans la ganache et mélangez. Reversez le tout dans le reste des blancs, en soulevant délicatement la préparation.
6. Mettez la mousse dans une grande coupe et laissez-la prendre au réfrigérateur pendant 4 h.

Quatre-quarts

POUR 6 À 8 PERSONNES

PRÉPARATION : 15 min • **CUISSON :** 40 min

3 œufs • sucre en poudre (du même poids que celui des 3 œufs) • beurre (du même poids que celui des 3 œufs) • farine (du même poids que celui des 3 œufs) • 2 pincées de sel • 5 cl de rhum ou de cognac

1. Pesez les œufs, puis prenez le même poids de sucre en poudre, de beurre et de farine.
2. Tamisez la farine. Faites fondre le beurre. Cassez les œufs en séparant les blancs des jaunes. Fouettez les blancs en neige très ferme avec 1 pincée de sel.
3. Préchauffez le four à 200 °C (therm. 6-7).
4. Dans un grand saladier, fouettez les jaunes d'œufs, le sucre en poudre et 1 pincée de sel jusqu'à ce que le mélange blanchisse. Ajoutez, en mélangeant bien chaque nouvel ingrédient, le beurre fondu, puis la farine et enfin le rhum (ou le cognac).
5. Incorporez alors les blancs montés en neige, délicatement, en tournant toujours dans le même sens, avec une cuillère en bois, pour ne pas les casser.
6. Beurrez et farinez un moule de 22 cm de diamètre. Versez-y la pâte et faites cuire à 200 °C pendant 15 min ; baissez la température du four à 180 °C (therm. 6) et poursuivez la cuisson pendant 25 min.
7. Attendez que le quatre-quarts soit tiède pour le démouler.

Crème caramel

POUR 4 À 6 PERSONNES

PRÉPARATION : 25 min • **CUISSON :** 2 h • **INFUSION :** 1 h • **RÉFRIGÉRATION :** 6 h

1 l de lait entier • 3 gousses de vanille • 4 œufs entiers • 3 jaunes d'œufs • 350 g de sucre en poudre • 6 cl d'eau • 6 cl d'eau

1. Portez à ébullition le lait avec les gousses de vanille fendues et grattées. Laissez infuser 12 h au frais
2. Retirez les gousses et faites bouillir le lait à nouveau. Dans saladier, fouettez les œufs entiers avec 200 g de sucre pendant 30 secondes et ajoutez le lait bouillant sans cesser de remuer. Filtrez et laissez reposer 15 min.
3. Préchauffez le four à 150 °C (therm. 5). Faites cuire le sucre restant et l'eau jusqu'à obtention d'un caramel d'une teinte auburn et stoppez la cuisson en plongeant la casserole dans un récipient rempli d'eau glacée.
5. Nappez finement et rapidement les moules du caramel encore liquide. Versez-y le lait vanillé. Faites cuire au four dans un bain-marie pendant 2 h.
6. Laissez refroidir à température ambiante puis couvrez et mettez au réfrigérateur pendant 6 h. Démoulez délicatement en décollant les parois à l'aide d'un couteau. Tapotez très légèrement le dessus des moules pour ne pas fissurer la crème caramel très fragile. Renversez les crèmes sur un plat de service. Servez très frais.

Sablés au beurre

POUR 40 À 50 SABLÉS

PRÉPARATION : 15 min • **CUISSON :** 20 min

1/2 gousse de vanille • 190 g de beurre à température ambiante • 75 g de sucre glace • 1 petite pincée de sel fin • 1 blanc d'œuf • 225 g de farine

1. Ouvrez la demi-gousse de vanille en deux et grattez les graines. Coupez le beurre en petits morceaux.
2. Mettez le beurre dans un saladier, écrasez-le et travaillez-le rapidement avec une spatule pour le ramollir. Ajoutez successivement le sucre glace, le sel, les graines de vanille, le blanc d'œuf et enfin la farine, en veillant à bien incorporer chaque nouvel ingrédient.
3. Quand la pâte est homogène, cessez aussitôt de la travailler, pour qu'elle garde sa texture sablée.
4. Préchauffez le four à 170 °C (therm. 5-6). Recouvrez une plaque de papier sulfurisé.
5. Mettez la pâte dans une poche à douille cannelée. Disposez sur la plaque de petites portions de pâte en forme de W ou de diverses lettres ou languettes, etc. Faites cuire pendant 20 min environ.

SAB
LÉS

Gâteau au yaourt

POUR 4 À 6 PERSONNES

PRÉPARATION : 30 min • **CUISSON :** 40 min

3 œufs • 300 g de sucre en poudre • 1 orange, non traitée de préférence (ou 1 citron) • 15 cl d'huile • 1 yaourt nature • 250 g de farine • 1 sachet de levure chimique (soit 11 g) • 1 pincée de sel • beurre pour le moule • le jus de 1 citron

1. Préchauffez le four à 180 °C (therm. 6).

2. Cassez les œufs en séparant les blancs des jaunes. Dans un saladier, mélangez les jaunes avec 200 g de sucre en poudre et fouettez jusqu'à ce qu'ils blanchissent et deviennent mousseux.

3. Râpez le zeste de l'orange (ou du citron). Ajoutez-le à la préparation avec l'huile et le yaourt en remuant bien. Tamisez la farine et la levure, dans une passoire, au-dessus d'un saladier. Ajoutez la farine et la levure à la pâte et travaillez jusqu'à ce qu'elle soit bien homogène.

4. Battez les blancs en neige ferme avec le sel. Ajoutez-les délicatement à la pâte, en les soulevant pour ne pas les casser.

5. Beurrez un moule de 24 cm de diamètre, versez-y la pâte et enfournez pour 25 min.

6. Versez 25 cl d'eau dans une casserole et ajoutez le jus de citron ainsi que le reste du sucre. Faites bouillir 15 min environ. Laissez refroidir et imbiber le gâteau de ce sirop.

Tartelettes aux fraises

POUR 6 TARTELETTES

PRÉPARATION : 30 min • **MACÉRATION :** 1 h • **CUISSON :** 10 min

2 pâtes sablées préétalées • 300 g de fraises • 60 g de sucre en poudre • 130 g de beurre • 6 feuilles de menthe fraîche

1. Rincez rapidement les fraises, équeutez-les et coupez-les en deux. Mettez-en la moitié dans un saladier avec le sucre et laissez-les macérer pendant environ 1 h. Mettez l'autre moitié à égoutter sur du papier absorbant.
2. Préchauffez le four à 180 °C (therm. 6).
3. Avec un emporte-pièce ou un bol, découpez six disques de pâte et garnissez-en des moules à tartelette préalablement beurrés. Piquez le fond de chacun d'eux avec une fourchette. Découpez six morceaux de papier sulfurisé, placez-les sur le fond avec quelques haricots secs pour éviter que la pâte ne boursoufle pendant la cuisson. Enfournez pour 10 min.
4. Préparez la garniture : mettez le beurre dans un saladier et, avec un fouet ou une fourchette, travaillez-le pour le ramollir. Égouttez les fraises macérées, passez-les au tamis et ajoutez-les au beurre. Mélangez jusqu'à ce que vous obteniez une crème bien homogène.
5. Quand les fonds de tartelette sont froids, démoulez-les délicatement et répartissez-y la crème à la fraise. Déposez les fraises fraîches par-dessus et décorez avec quelques feuilles de menthe. Servez froid.

Cake au chocolat

POUR 6 À 8 PERSONNES

PRÉPARATION : 15 min • **CUISSON :** 45 min

80 g de cacao en poudre • 20 cl de lait • 10 cl de crème liquide • 3 œufs • 350 g de sucre en poudre • 200 g de farine • 1/2 sachet de levure (soit 6 g) • 10 cl d'huile

1. Préchauffez le four à 180 °C (therm. 6).
2. Dans un bol, délayez le cacao dans le lait et la crème. Mélangez les œufs entiers avec le sucre. Ajoutez la farine et la levure, puis l'huile et le mélange lait-crème-cacao.
3. Versez la pâte dans un moule à cake beurré. Enfournez et faites cuire 45 min.
4. Sortez le cake du four et laissez-le refroidir avant de le démouler.

cake chocolat

Petits pots de crème à la vanille

POUR 6 PERSONNES

PRÉPARATION : 10 min • **CUISSON** : 25 min • **RÉFRIGÉRATION** : 3 h

50 cl de lait • 1 gousse de vanille • 2 œufs entiers + 6 jaunes d'œufs • 200 g de sucre en poudre • 50 cl de crème fraîche

1. Versez le lait dans une casserole. Fendez la gousse de vanille en deux dans le sens de la longueur ; mettez-la dans le lait. Portez à ébullition, retirez du feu et laissez infuser quelques minutes.
2. Pendant ce temps, battez les œufs entiers et le sucre jusqu'à ce que celui-ci soit bien dissous. Incorporez la crème fraîche. Versez lentement le mélange dans la casserole de lait, après avoir retiré la vanille.
3. Remettez la casserole à feu doux et laissez épaissir en remuant. Lorsque la crème nappe la cuillère, versez-la dans des petits pots individuels et mettez au frais au moins 3 h avant de servir.

POUR VARIER : Vous pouvez aussi parfumer cette crème au café ou au chocolat. Pour cela, diluez du cacao en poudre dans du lait (comptez 1 cuillerée à soupe par pot), et du café soluble dans un peu d'eau (1 cuillerée à café par pot). Incorporez ces arômes à la crème au moment où vous versez celle-ci dans les pots.

Flan parisien

POUR 6 À 8 PERSONNES

PRÉPARATION : 30 min • **CUISSON** : 1 h 15 environ • **RÉFRIGÉRATION** : 3 h

1 pâte brisée préétalée • 40 cl de lait • 37 cl d'eau • 4 œufs • 210 g de sucre en poudre • 60 g de poudre à flan prête à l'emploi

1. Beurrez un moule à tarte de 22 cm de diamètre. Découpez un disque de 30 cm de diamètre dans la pâte. Garnissez-en le moule et mettez au réfrigérateur le temps de préparer la garniture.
3. Préchauffez le four à 190 °C (therm. 6-7).
4. Préparez la crème. Faites chauffer le lait et l'eau dans une casserole. Dans une autre casserole, fouettez les œufs, le sucre et la poudre à flan, puis versez-en un mince filet dans l'eau et le lait bouillants, sans cesser de tourner avec un fouet. Attendez la reprise de l'ébullition et retirez alors la casserole du feu. Versez la préparation sur le fond de pâte et enfournez pour 1 h.
5. Laissez refroidir le flan avant de le mettre au réfrigérateur pour 3 h.

Gaufres au sucre glace

POUR 5 À 10 GAUFRES

PRÉPARATION : 15 min • **REPOS :** 1 h • **CUISSON :** 10 min

5 cl de crème fraîche liquide • 20 cl de lait entier • 3 g de sel fin • 75 g de farine • 30 g de beurre • 3 œufs entiers • 1 c. à café d'eau de fleur d'oranger • huile pour le moule • sucre glace

1. Préparez la pâte à gaufre. Portez à ébullition la crème et la moitié du lait. Laissez-les refroidir. Dans une autre casserole, portez à ébullition le reste du lait avec le sel ; ajoutez la farine en pluie et le beurre. Faites cuire et dessécher pendant 2 ou 3 min en remuant avec une spatule, comme pour une pâte à choux. Versez ce mélange dans un grand saladier, incorporez-y les œufs, un par un, puis la crème et le lait bouillis, et enfin l'eau de fleur d'oranger. Mélangez et laissez refroidir complètement. Laissez reposer la pâte à gaufres au moins 1 h.
2. Graissez le moule à gaufre avec un pinceau trempé dans l'huile et faites-le chauffer. Versez une petite louche de pâte dans une moitié du gaufrier ouvert, de façon à la remplir mais sans en faire déborder.
3. Fermez le gaufrier, puis retournez-le pour que la pâte se répartisse également dans les deux parties du moule. Faites cuire chaque côté pendant 2 min. Ouvrez le gaufrier, démoulez la gaufre et saupoudrez-la de sucre glace.

Pain perdu

POUR 12 TRANCHES DE PAIN

PRÉPARATION : 15 min • CUISSON : 15 min

25 cl de lait • 75 g de sucre en poudre • 1 sachet de sucre vanillé (soit 7,5 g) • 75 g de cassonade blonde • 5 œufs moyens • 12 tranches de pain frais ou rassis • 100 g de beurre

1. Faites chauffer le lait dans une casserole. Ajoutez le sucre en poudre et le sucre vanillé. Mélangez jusqu'à ce qu'ils soient dissous.
2. Versez la cassonade dans une assiette plate. Battez les œufs en omelette dans un saladier.
3. Trempez le pain dans le lait refroidi puis dans les œufs battus jusqu'à ce qu'il soit bien imbibé ; posez les tranches de pain sur la cassonade et retournez-les.
4. Faites fondre un bon morceau de beurre dans une grande poêle et faites-y dorer les tranches de pain pendant 4 ou 5 min, en les retournant à mi-cuisson à l'aide d'une grande spatule. Le pain perdu est ainsi légèrement caramélisé.
5. Renouvelez l'opération jusqu'à épuisement des ingrédients. Réservez les tranches de pain au chaud au fur et à mesure. N'hésitez pas à rajouter un morceau de beurre en cours de cuisson, car le pain ne doit pas attacher au fond de la poêle.

POUR SERVIR : **Vous pouvez tartiner le pain perdu de confiture.**

Churros

POUR 45 CHURROS

PRÉPARATION : 10 min • REPOS DE LA PÂTE : 1 h • CUISSON : 10 min

25 cl d'eau • 60 g de beurre • 1 pincée de sel • 60 g de sucre en poudre • 225 g de farine • 2 œufs • huile de pépins de raisin pour la friture

1. Dans une casserole, faites bouillir l'eau avec le beurre, le sel et 2 pincées de sucre en poudre.
2. Tamisez la farine dans un saladier, creusez une fontaine et versez-y l'eau bouillante en remuant avec une cuillère en bois. Vous allez obtenir rapidement une pâte épaisse mais de texture homogène.
3. Incorporez les œufs battus, mélangez et laissez la pâte reposer 1 h au frais.
4. Faites chauffer l'huile de friture à 180 °C.
5. Mettez la pâte dans une poche à douille cannelée. Faites tomber dans la friture des bandes de pâte de 10 cm de long. Opérez en plusieurs fois, pour que les beignets ne collent pas les uns aux les autres.
6. Laissez-les dorer, retournez-les dans la friture avec l'écumoire. Retirez-les et égouttez-les sur du papier absorbant.
7. Saupoudrez les churros de sucre en poudre et servez-les tièdes.

Tarte aux Carambar®

POUR 6 PERSONNES

PRÉPARATION : 10 min • **REPOS DE LA PÂTE** : 30 min
CUISSON : 30 min • **RÉFRIGÉRATION** : 2 à 3 h

Pour la pâte sablée : 1/2 gousse de vanille • 60 g de sucre en poudre • 125 g de farine • 60 g de beurre mou • 1 œuf entier
Pour la ganache : 25 cl de crème liquide • 30 Carambar® • 100 g de chocolat au lait en morceaux

1. Préparez la pâte. Fendez la gousse de vanille grattez les graines, mélangez-les avec le sucre. Travaillez du bout des doigts la farine tamisée avec le le beurre coupé en petits morceaux pour obtenir un mélange sableux. Creusez un puits, ajoutez-y l'œuf et le sucre à la vanille. Mélangez du bout des doigts sans trop malaxer. Écrasez la pâte sous la paume de la main pour la rendre homogène, roulez-la en boule, applatissez-la légèrement et enveloppez-la dans du film alimentaire. Laissez-la reposer au frais au moins 30 min.
2. Préchauffez le four à 180 °C (therm. 6). Garnissez de pâte un moule à tarte de 28 cm de diamètre recouvert de papier sulfurisé. Enfournez pour 20 min environ.
4. Préparez la ganache. Dans une casserole, versez la crème et ajoutez les Carambar®. Laissez-les fondre, à feu doux, pendant 10 min. Hors du feu, ajoutez le chocolat et mélangez jusqu'à ce qu'il ait fondu.
5. Versez la ganache sur le fond de pâte précuit et laissez durcir au frais pendant 2 à 3 h.

Langues-de-chat

POUR 45 LANGUES-DE-CHAT

PRÉPARATION : 20 min • **CUISSON** : 5 min environ par fournée

125 g de beurre • 1 sachet de sucre vanillé (soit 7,5 g) • 75 à 100 g de sucre en poudre • 2 œufs • 125 g de farine

1. Coupez le beurre en morceaux et travaillez-le avec une spatule pour le mettre en pommade très lisse. Ajoutez le sucre vanillé et le sucre en poudre et mélangez bien. Puis ajoutez les œufs, un par un. Tamisez la farine, versez-la en pluie et incorporez-la avec un fouet.
2. Préchauffez le four à 200 °C (therm. 6-7). Mettez une feuille de papier sulfurisé sur la plaque à pâtisserie.
3. Glissez la pâte dans une poche à douille unie n° 6. Déposez de petites languettes de pâte de 5 cm de long, espacées les unes des autres de 2 cm.
4. Faites cuire les gâteaux par fournées pendant 4 ou 5 min. Une fois refroidis, conservez-les dans une boîte hermétique.

Biscuit roulé

POUR 4 À 6 PERSONNES

PRÉPARATION : 25 min • **CUISSON :** 10 min

6 c. à soupe de marmelade d'abricots ou de gelée de framboises
Pour la pâte à biscuit à rouler : 6 œufs entiers • 150 g de sucre en poudre • 75 g de farine tamisée • 15 g de beurre pour la plaque • 125 g d'amandes effilées légèrement grillées •
Pour le sirop : 100 g de sucre • 1 c. à café de rhum

1. Préparez la pâte. Séparez les blancs des jaunes d'œufs. Fouettez 6 jaunes d'œufs et 3 blancs avec la moitié du sucre, jusqu'à ce que le mélange blanchisse. Montez en neige les 3 blancs restant en ajoutant le reste du sucre. Incorporez-les aux jaunes en soulevant délicatement la préparation avec une spatule. Ajoutez la farine tamisée en la versant en pluie.
2. Préchauffez le four à 180 °C (therm. 6). Faites fondre le beurre. Tapissez la plaque du four de papier sulfurisé et, avec un pinceau, badigeonnez-le de beurre fondu. Étalez la pâte sur 1 cm d'épaisseur avec une spatule métallique. Enfournez pour 10 min : le dessus du biscuit doit juste blondir.
3. Préparez le sirop. Mélangez le sucre avec 10 cl d'eau, puis versez le rhum.
4. Déposez le gâteau sur un torchon et, avec un pinceau, imbibez-le de sirop. Recouvrez-le de marmelade ou de gelée.
5. Roulez le biscuit à l'aide du torchon. Tranchez les deux extrémités en biais. Badigeonnez le dessus du biscuit de marmelade ou de gelée et parsemez-le d'amandes grillées.

Muffins

POUR 10 À 12 MUFFINS

PRÉPARATION : 20 min • **CUISSON :** 25 min

260 g de farine • 1 sachet de levure chimique (11 g) • 1/2 c. à café de bicarbonate de soude (facultatif) • 1 pincée de sel • 20 cl de lait • 2 œufs • 120 g de sucre en poudre • 125 g de beurre fondu + pour les moules • 1 c. à café de vanille liquide

1. Versez la farine dans un saladier. Ajoutez la levure, le bicarbonate et le sel, puis mélangez. Faites tiédir le lait.
2. Préchauffez le four à 180 °C (therm. 6).
3. Dans un autre saladier, fouettez les œufs avec le sucre jusqu'à ce que le mélange blanchisse, puis incorporez le beurre fondu et la vanille liquide. Versez ce mélange dans la farine, mélangez sans trop travailler tout en versant peu à peu le lait.
4. Versez la pâte dans des moules à bord haut beurrés, ou dans les alvéoles d'une plaque souple pour muffins et enfournez pendant 20 min environ en surveillant bien la cuisson : les muffins doivent être gonflés et bien dorés.
5. Démoulez les muffins et faites-les refroidir. Servez-les tièdes ou froids.

POUR VARIER : Pour changer des muffins nature, garnissez la pâte de myrtilles, de bananes ou de pépites de chocolat...

Bagels au chocolat et aux fruits rouges

POUR 4 PERSONNES

PRÉPARATION : 15 min • **CUISSON** : 5 min environ

90 g de chocolat noir • 10 cl de crème liquide • 4 pains à bagel • 50 g de myrtilles • 50 g de framboises • 50 g de groseilles • sucre glace

1. Faites fondre le chocolat au bain-marie. Lorsqu'il est bien fondu, ajoutez la crème liquide et lissez le tout avec une spatule. Versez cette préparation dans un bol et laissez-la refroidir.
2. Coupez les bagels en deux horizontalement et passez-les au grillepain, ou, à défaut, sous le gril du four. Lavez les fruits.
3. À l'aide d'une spatule, recouvrez de chocolat l'intérieur des bagels. Garnissez ensuite la partie inférieure avec les fruits rouges et repositionnez le dessus du pain. Nappez de chocolat et saupoudrez de sucre glace.

Cramique

POUR 6 PERSONNES

PRÉPARATION : 25 MIN • REPOS : 1 H • CUISSON : 40 MIN

1 bol de thé • 100 g de raisins de Corinthe • 100 g de beurre en petits morceaux• 3 œufs • 1 pincée de sel • 500 g de farine • 1 c. à soupe de sucre en poudre

Pour le levain : 20 cl de lait frais • 20 g de levure de boulanger • farine

1. Préparez le thé et mettez-y les raisins à tremper.
2. Battez 2 œufs en omelette avec le sel.
3. Préparez le levain. Faites tiédir le lait ; émiettez la levure dans un saladier, versez un peu de lait et mélangez. Ajoutez de la farine petit à petit en tournant avec une cuillère en bois jusqu'à ce que vous obtenir pâte molle.
4. Mettez la farine sur le plan de travail et creusez un puits. Mettez-y le levain, les œufs et le reste du lait tiède.
5. Pétrissez la pâte jusqu'à ce qu'elle devienne élastique. Ajoutez le beurre. Continuez à pétrir. Égouttez les raisins et ajoutez-les en malaxant encore la pâte pour les intégrer.
6. Préchauffez le four à 200 °C (therm. 6-7).
7. Façonnez la pâte en un boudin. Mettez-le dans un moule à cake beurré de 28 cm. Battez l'œuf restant et dorez la pâte au pinceau. Laissez lever 1 h à température ambiante.
8. Enfournez à 200 °C pendant 10 min, puis baissez la température du four à 180 °C (therm. 6) et continuez la cuisson pendant 30 min. Démoulez et laissez refroidir.

Petits pots de crème au yaourt et au chocolat

POUR 4 PERSONNES

PRÉPARATION : 10 min • **RÉFRIGÉRATION :** 3 h

160 g de chocolat noir • 20 cl de lait entier • 25 g de sucre en poudre • 1 sachet de sucre vanillé • 3 yaourts nature (ou 6 petits-suisses nature)

1. Faites fondre doucement le chocolat au bain-marie. Lorsqu'il est bien fondu, ajoutez le lait, le sucre en poudre et le sucre vanillé et mélangez délicatement.
2. Battez rapidement les yaourts (ou les petits-suisses) à la fourchette et ajoutez-les au mélange précédent. Remplissez six petits pots avec cette préparation et placez-les au frais pendant 3 h au minimum.

Cake aux raisins et aux fruits confits

POUR 8 PERSONNES

PRÉPARATION : 25 min • **CUISSON :** 45 min

100 g de raisins de Corinthe • 100 g de fruits confits coupés en dés • 1 verre à liqueur de rhum • 175 g de beurre • 125 g de sucre en poudre • 1 pincée de sel • 3 œufs • 270 g de farine • 1/2 sachet de levure chimique (soit 6 g) • 10 g de beurre

1. Lavez les raisins. Faites-les macérer dans le rhum avec les fruits confits.
2. Travaillez le beurre en pommade. Ajoutez le sucre et le sel petit à petit. Travaillez le mélange jusqu'à ce qu'il soit onctueux. Incorporez les œufs l'un après l'autre. Versez 250 g de farine d'un seul coup.
3. Égouttez les fruits et les raisins, roulez-les dans 2 cuillerées à soupe de farine, puis ajoutez-les dans la pâte ainsi que le rhum de macération. Incorporez la levure et mélangez.
4. Préchauffez le four à 210 °C (therm. 7).
5. Beurrez un papier sulfurisé, tapissez-en l'intérieur d'un moule à cake de 24 cm. Versez-y la pâte : elle doit le remplir aux deux tiers seulement.
6. Enfournez pour 10 min, puis baissez la température à 150 °C (therm. 5) et laissez cuire encore 35 min.
7. Démoulez le cake à la sortie du four et laissez-le refroidir sur une grille.

Cookies au chocolat blanc et aux dragées Smarties®

POUR 15 COOKIES ENVIRON

PRÉPARATION : 15 min • **CUISSON :** 15 à 20 min

100 g de chocolat blanc • 50 g de sucre en poudre • 70 g de cassonade • 1 œuf • 180 g de farine • 1/2 sachet de levure chimique (6 g) • 2 tubes de dragées SMARTIES®

1. Préchauffez le four à 200 °C (therm. 6-7). Hachez finement le chocolat blanc avec un couteau. Mélangez le beurre mou dans un récipient avec le sucre en poudre et la cassonade. Ajoutez l'œuf, la farine, la levure et le chocolat haché.

2. Déposez, en les espaçant bien, des cuillerées à café de pâte sur une plaque de four recouverte de papier sulfurisé.

3. Disposez quelques dragées Smarties® sur chaque cookie en appuyant dessus légèrement. Mettez les cookies à cuire de 15 à 20 min au four. Sortez-les, et laissez-les refroidir avant de les déguster.

Œufs au lait

POUR 4 À 6 PERSONNES

PRÉPARATION : 20 min • **CUISSON :** 40 min

1 l de lait • 125 g de sucre en poudre • 1 gousse de vanille • 4 œufs

1. Faites bouillir le lait avec le sucre et la gousse de vanille fendue et grattée.
2. Préchauffez le four à 200 °C (therm. 6-7).
3. Battez les œufs en omelette dans un saladier.
4. Retirez la gousse de vanille du lait. Ajoutez peu à peu le lait bouillant dans le saladier, en remuant sans arrêt.
5. Versez dans un plat allant au four ou dans des ramequins. Placez dans un bain-marie, enfournez et faites cuire pendant 40 min. Vérifiez la cuisson en enfonçant la lame d'un couteau : elle doit ressortir propre.
6. Laissez refroidir et gardez au réfrigérateur.

Palmiers

POUR 20 PALMIERS

PRÉPARATION : 40 min • **REPOS DE LA PÂTE :** 1 h • **CUISSON :** 10 min

500 g de pâte feuilletée prête à étaler • sucre glace

1. Abaissez la pâte feuilletée en un rectangle trois fois plus long que large. Saupoudrez-la de sucre glace sur toute la surface. Repliez-la en trois, comme pour former une enveloppe rectangulaire et laissez-la reposer 30 min au réfrigérateur. Renouvelez cette opération une seconde fois.
2. Préchauffez le four à 240 °C (therm. 8).
3. Étalez la pâte en un rectangle de 1 cm d'épaisseur. Saupoudrez de sucre glace. Rabattez chaque côté vers le centre, dans le sens de la longueur une première fois puis encore une deuxième fois pour obtenir une sorte de boudin.
4. Divisez ce boudin en tronçons de 1 cm d'épaisseur, puis déposez ceux-ci sur une plaque recouverte de papier sulfurisé, en les espaçant pour qu'ils ne collent pas les uns aux autres, car la pâte va s'étaler à la cuisson.
5. Faites cuire les palmiers 10 min au four, en les retournant à mi-cuisson pour qu'ils dorent sur les deux faces.
6. Laissez-les refroidir et conservez-les dans une boîte hermétique pour qu'ils ne ramollissent pas.

Crédits photographiques

PHOTOGRAPHIES DES RECETTES

Olivier Ploton © coll. Larousse (stylisme Bérangère Abraham) : pages 2, 13, 15, 21, 33, 35, 39, 43, 45, 47.

Olivier Ploton © coll. Larousse (stylisme Noëmie André) : pages 9, 11, 17, 19, 25, 27, 29, 31, 37, 41, 49, 53, 55.

Pierre-Louis Viel © coll. Larousse (stylisme Valéry Drouet) : pages 23, 51.

AUTRES PHOTOGRAPHIES

G + S Photographie © coll. Larousse : 4-7 ; **Caroline Faccioli (stylisme Corinne Jausserand) © coll. Larousse** : pages de garde.

TABLE DES ÉQUIVALENCES FRANCE – CANADA									
Poids	55 g	100 g	150 g	200 g	250 g	300 g	500 g	750 g	1 kg
	2 onces	3,5 onces	5 onces	7 onces	9 onces	11 onces	18 onces	27 onces	36 onces
Ces équivalences permettent de calculer le poids à quelques grammes près (en réalité, 1 once = 28 g).									
Capacités	5 cl	10 cl	15 cl	20 cl	25 cl	50 cl	75 cl		
	2 onces	3,5 onces	5 onces	7 onces	9 onces	17 onces	26 onces		
Pour faciliter la mesure des capacités, une tasse équivaut ici à 25 cl (en réalité, 1 tasse = 8 onces = 23 cl).									

Imprimé en Espagne par Graficas Estella, Estella
Dépôt légal : juillet 2010 - 305053/01 - 11011828 mai 2010